AF227436

APRÈS
LA TERRIBLE CATASTROPHE
DU

Bazar de la Charité

Oraisons funèbres et Discours

PRONONCÉS PAR

Les RR. PP. OLLIVIER et BOULANGER

S. Ém. le Cardinal PERRAUD, Évêque d'Autun

et le R. P. MONSABRÉ

Quand *Dieu* appelle à lui d'innombrables victimes,
Sois assuré, *chrétien!* que ce n'est pas en vain,
Expiation des *fautes* ou châtiment des *crimes*
Compte moins à ses yeux que *rachat des humains.*

E. VIATOR.

PARIS
LIBRAIRIE-PAPETERIE H. PERRET
59*bis*, RUE BONAPARTE, 59*bis*
—

1897

.DISCOURS DU R. P. OLLIVIER

PRONONCÉ A NOTRE-DAME

Pendant la cérémonie funèbre célébrée officiellement pour les victimes de la charité

LE 9 MAI 1897

« MESSIEURS,

« La mort est terrifiante, lors même qu'elle frappe de coups tardifs des
« vies longuement épuisées : combien plus lorsqu'elle fauche en pleine florai-
« son des vies promises à toutes les joies, ou en pleine maturité, des vies à
« peine en possession des fruits de leurs labeurs.

« Mais que dire de ces catastrophes dont le mystère trouble les plus
« fermes esprits et brise les cœurs les mieux trempés ?

« A l'heure de la joie la plus légitime et la plus pure, puisqu'elle naît de
« la charité, la plus vive aussi, puisque c'est surtout la joie de la jeunesse ;
« quand le sourire est partout, au ciel, dans la nature, dans les cœurs et sur
« les lèvres, — au milieu de cet épanouissement qui surabonde d'espérance,
« — la mort fait irruption, et, d'un seul coup, *le plus horrible qui se puisse*
« *imaginer,* met à néant toute cette jeunesse, toute cette beauté, toute cette
« force, tout ce bonheur ! ! !...

« Elle a passé si rapide qu'on douterait de son passage, si, derrière elle,
« ne s'entassaient les ruines où le souffle ardent de sa bouche se reconnaît
« aux dernières lueurs de l'incendie qui s'éteint.

« Pourquoi cela s'est-il fait ? A quel dessein se rattache l'horreur d'un
« pareil deuil ?...

« Sommes-nous donc entre les mains d'une puissance aveugle, qui frappe
« sans avoir conscience de ses coups, et qu'il est aussi vain d'interroger que
« de maudire, puisqu'elle ne peut entendre et dédaignerait de répondre ?

« O Dieu de la France catholique, Dieu que nous appelons notre Père, à

« la tendresse duquel nous croyons autant qu'à sa justice, vous n'êtes point
« capable de ces fureurs, et vous ne nous défendez pas de lever le voile qui
« couvre nos épreuves.

« Votre main nous frappe dans un dessein qu'il nous est permis de com-
« prendre, afin de nous y associer librement et de donner à nos pleurs le prix
« dont se paye notre rentrée dans la miséricorde.

« Sans doute, ô Maître souverain des hommes et des sociétés, vous avez
« voulu donner une leçon terrible à l'orgueil de ce siècle, où l'homme parle
« sans cesse de son triomphe contre vous.

« Vous avez retourné contre lui les conquêtes de sa science, si vaine
« quand elle n'est pas associée à la vôtre ; et, de la flamme qu'il prétend avoir
« arrachée de vos mains comme le Prométhée antique, vous avez fait l'ins-
« trument de vos représailles...

« Ce qui donnait l'illusion de la vie a produit l'horrible réalité de la mort,
« et, dans le morne silence qui enveloppe Paris et la France depuis quatre
« jours, il me semble qu'on entend l'écho de la parole biblique : « *Par les*
« *morts couchés sur votre route, vous saurez que je suis le Seigneur.* »

« Mais Dieu ne se plaît pas aux vengeances stériles, et c'est pour sauver
« qu'il flagelle, — alliant ainsi les exigences de sa gloire et celles de ses
« miséricordes, plus pressantes encore puisqu'il est avant tout l'éternel
« amour.

« C'est le propre de l'amour d'avoir des préférences, et les peuples en
« sont les objets aussi bien que les individus. La France le sait par toutes
« les prédilections qui marquent, et font de ses malheurs des preuves sensi-
« bles de l'amour divin à l'égal des prospérités et des succès dont elle a été
« glorifiée.

« Fille aînée de l'Église du Christ, elle suit la même route que sa Mère,
« participant à ses épreuves, payée avec usure des services qu'elle lui rend,
« châtiée sans retard pour ses abandons ou ses révoltes, avec d'autant plus
« de sévérité qu'elle est devenue plus nécessaire à l'accomplissement du plan
« divin dans la conduite des peuples. Sa place est à la tête de l'humanité et
« non point à sa remorque ; elle y est comme l'étendard du Christ auquel on
« ne saurait infliger la honte de passer au second plan sans que la main
« divine ne le relève aussitôt, en châtiant la défaillance pour exalter le cou-
« rage.

« Hélas ! de nos temps mêmes, la France a mérité ce châtiment par un
« nouvel abandon de ses traditions. Au lieu de marcher à la tête de la civili-
« sation chrétienne, elle a consenti à suivre en servante ou en esclave des
« doctrines aussi étrangères à son génie qu'à son baptême ; elle s'est pliée à
« des mœurs où rien ne se reconnaissait de sa fière et généreuse nature, et
« son nom est devenu synonyme de folie et d'ingratitude envers Dieu. C'était
« le faire, hélas ! synonyme de malheur, puisque Dieu, ne voulant pas l'aban-
« donner, devait la soumettre à l'expiation.

« Il y a vingt-six ans à peine, et les témoins de votre vengeance n'ont pas
« eu le temps d'oublier, vous avez frappé la France à la tête en lui demandant
« pour victimes d'expiation et de propitiation les hommes de tout rang et de
« tout âge, et vous avez couché sur les champs de bataille d'une double
« guerre, soldats et prêtres, financiers et lettrés, artisans et magistrats,
« marins et laboureurs.

« Certes, c'étaient là de grandes et nobles victimes, dont le sacrifice avait
« sur votre justice et votre miséricorde le plus impérieux de tous les droits,
« celui du consentement ou même de la joyeuse acceptation ; car toutes allè-
« rent à la mort comme il sied à des fils de cette vieille France où l'épée fait
« toujours souvenir de la croix.

« Aussi, quand sous les voûtes de cette basilique, habituées à vibrer de
« nos cris de douleur ou d'enthousiasme, nous déposions les restes sanglants
« de tous ces morts vénérables, autour du cercueil où dormait l'archevêque
« martyr, nous avions bien le droit d'espérer que votre justice était satisfaite
« et que votre miséricorde nous rouvrait les portes de l'avenir !

« O Dieu de nos pères, soyez béni de ne pas avoir rejeté leurs enfants
« et de les avoir cru capables de payer la rançon de leurs fautes, si lourde que
« fut la dette et si dur que dut être le paiement.

« Et pourtant, l'expiation n'était pas suffisante, et les plus pures victimes
« manquaient à l'holocauste ! Sans doute elles avaient cruellement souffert
« dans leur âme ces fières et douces femmes dont les pères, les fils, les
« époux, les frères avaient versé leur sang pour la patrie ; d'autant plus
« souffert qu'elles avaient caché leurs larmes à l'heure de la séparation pour
« ne pas amollir les courages, et qu'elles avaient dû, plus tard, refouler dans
« leur cœur le chagrin des pertes irréparables pour assurer à la génération
« nouvelle la confiance dans les nouvelles destinées de la France.

« Mais il semble que Dieu leur eût fait tort en ne leur demandant que des
« larmes, des prières, des leçons et des exemples.

« Chez nous, de temps immémorial, les femmes ont des cœurs virils, et,
« dans le sacrifice, leur part est aussi belle que celle de leurs fils ou de leurs
« époux. Aussi leur fallait-il mettre dans la coupe un peu de leur propre
« sang.

« Si vous doutez de cet appel, veuillez rapprocher les deux feuillets de ce
« funèbre dyptique où nous avons inscrit les victimes de ces deux catastro-
« phes. Ce sont les mêmes noms, au moins pour ceux qu'une illustration
« particulière arrache à l'oubli fatal où tombent nos meilleurs souvenirs :
« *Orléans, Luynes, Dampierre, Grancey, Laffitte, Munier, Carayon-Latour,*
« *et tant d'autres* qui, désormais, appartiendront doublement à l'histoire de
« nos malheurs et de notre relèvement.

« Oh! Messieurs, j'ai hâte de le dire, il ne pouvait les condamner à ces
« hécatombes dont la guerre étrangère et la guerre civile vous ont laissé
« le douloureux souvenir! Nous ne pourrions supporter une pareille pensée,
« quelque résignée que fut notre foi à la sagesse du Tout-Puissant. Mais
« il pouvait — et c'est cela qu'il vient de faire — il pouvait prendre parmi
« elles les plus pures, les plus saintes, les unir dans la mort aux victimes
« de la première heure, et consommer ainsi l'expiation qui nous assurât
« l'espérance.

« C'est fait! L'ange exterminateur a passé. Couronnes aux lys de
« France, cornettes aux blanches ailes, fleurs et rubans des juvéniles
« parures, crêpes austères qui couvraient des cheveux blanchis, humbles
« coiffes des servantes, il a tout égalisé de son piétinement, dans la boue
« sanglante où l'œil cherche vainement quelque trace de toute cette
« noblesse et de toute cette beauté!

« Oh! ne détournons pas la tête et saluons plutôt le rayonnement
« qui monte de cette fournaise, aurore troublée peut-être, mais prête à
« s'épurer, d'un jour plein de consolation et de gloire.

« Et vous, Seigneur, abaissez vos yeux sur les victimes choisies par
« vous-mêmes et sur la générosité de leur immolation. Vous connaissez
« leurs cœurs et vous saviez ce que vous pouviez leur demander pour le
« salut des âmes et de la patrie.

« Vous saviez que vous pouviez tout exiger d'elles, même le sacrifice

« de leur vie, et, dans une commisération ineffable, vous les avez prises au
« mot, si j'ose ainsi parler, sans leur laisser le temps de se reconnaître
« en face du suprême renoncement, celui de leurs affections.

« Mourir n'était rien pour elles! Mais qui pourrait sans frémir penser
« à ce qu'elles eussent éprouvé si elles avaient pu d'avance compter les
« déchirements qui naîtraient de leur absence en tant de vies dont elles
« étaient la force et le charme?

« Vous avez adouci les bords de la coupe mortelle et la foudre ne
« leur a pas permis de trembler devant l'éclair.

« C'est l'heure de la récompense pour elles et de la consolation pour
« nous. Ce qu'elles vous demandaient, vous le savez, ô Seigneur, et nous
« le savons aussi, nous qui souffrons de l'angoisse où nous retiennent
« les divisions qui nous déchirent, depuis que votre esprit a cessé de
« nous inspirer et de nous régir.

« Impuissants, nous les hommes, avec notre prétendue sagesse et notre
« apparente abnégation, à rapprocher les éléments disjoints de la famille
« française — aveuglément obstinés dans nos préjugés et nos haines —
« nous avons renoncé à refaire l'union qui prépare à nouveau l'unité.

« Ce que nous désespérions de faire, le sacrifice de ces humbles
« victimes de la charité l'a déjà commencé, et l'unanimité qui nous
« rapproche autour de leurs tombes est une garantie.

« Nous en viendrons à comprendre que nous sommes tous de même
« nature et devrons être d'un même cœur.

« La justice qui nous frappe en les frappant les a prises en toutes les
« conditions, la fille des rois et la fille du peuple, pour leur demander
« une égale part de la rançon, et leur mettre dans l'âme la volonté du
« même renoncement.

« Qui oserait encore, en présence de leurs restes, parler d'antagonisme
« entre les classes de la société française, sans mériter le mépris et la
« malédiction de tous les honnêtes gens?

« Où donc la mort les a-t-elles trouvées réunies? A quelles infirmités
« et à quelles misères voulait porter remède et consolation la charité de
« ces patriciennes, de ces ouvrières et de ces servantes, empressées à la
« même Œuvre, dans la même joie et la même fierté?

« Pendant que d'abominables excitations travaillent à creuser un abîme

« entre les petits et les grands, entre les riches et les pauvres, les douces et
« pures âmes jetaient à pleines mains dans la tranchée les ingéniosités
« et les ressources de la fraternité chrétienne. Elles payaient du même
« sourire l'or du financier et l'obole de l'artisan, réunis dans leur aumônière,
« au profit des œuvres de toute nature qui servent la cause des
« malheureux.

« Elles savaient de quels dédains affectés, de quelles insinuations
« malveillantes on a coutume, depuis longtemps chez nous, de récom-
« penser leur zèle : mais elles étaient de trop bonne race et de trop
« grand cœur pour s'y arrêter un instant. A quoi bon se préoccuper des
« insulteurs quand on travaille pour Dieu et pour la patrie?

« O chères et nobles victimes, vous pouvez dormir en paix : votre désir
« se réalise et votre œuvre s'achèvera bientôt, je l'espère, grâce à l'inter-
« cession que vous lui assurez dans le ciel. Ici-bas, vous gardiez forcément
« les traces de l'infirmité humaine, et nous pouvions douter de votre puis-
« sance sur le cœur de Dieu; aujourd'hui, vous nous apparaissez comme
« Jeanne d'Arc sur la nuée rougeâtre du bûcher, entourée de lumière et
« montant vers la gloire où vous attend l'Inspirateur de votre charité et
« le Rémunérateur de votre sacrifice.

« De la joie où vous êtes, n'oubliez pas ceux qui vous pleurent ici-bas :
« mères, filles, épouses, sœurs, amies, souvenez-vous des fils, des époux,
« des frères plongés dans le deuil par votre absence et soyez-leur pré-
« sentes par la consolation dont vous avez maintenant la puissance.

« Soyez-leur présentes surtout par l'influence de vos âmes sur les
« leurs, et remplissez-les de votre abnégation, afin qu'ils soient dignes
« de l'honneur que Dieu leur a fait de vous appartenir.

« Mais aussi, ô martyres, n'oubliez pas la patrie, et forcez le Christ,
« roi des Francs, à rassembler dans la paix de son règne tous ceux qu'on
« a essayé d'en séparer, afin qu'il n'y ait plus à jamais qu'une France,
« invincible à tous ses ennemis, par l'unité dans la foi qui fut la vôtre
« et dans les vertus dont vous nous laissez le souvenir. »

ALLOCUTION DU R. P. BOULANGER

PRONONCÉE

EN PRÉSENCE DES MEMBRES DE LA FAMILLE D'ORLÉANS

LE 11 MAI 1897

Au service solennel pour les victimes du comptoir des « Noviciats Dominicains »
dont S. A. R. la Duchesse D'ALENÇON était la présidente.

Consolamini invicem in verbis estis.
Consolez-vous ensemble avec ces paroles.
(Saint Paul aux Thessalon.)

« MES FRÈRES,

« Parmi tous les noms divins que les écrivains sacrés ont multipliés en épuisant
« la langue humaine, il en est un qui a trouvé le chemin de notre cœur, parce qu'il
« nous révèle une très touchante fonction que Dieu se plaît à exercer envers
« l'homme malheureux. Il s'appelle le Dieu de toute consolation. C'est l'Église qui
« exerce sur la terre, de la part de Dieu, ce ministère de consolation. Voilà pour-
« quoi saint Paul, connaissant la vertu consolatrice du Saint-Esprit qui parlait par
« sa bouche, a pu dire à ses Thessaloniciens : « Mes Frères, consolez-vous
« ensemble, avec les paroles que je viens de dire. »

« Quel bonheur pour moi, mes Frères, si, dans cette immense douleur dont nos
« cœurs sont remplis, je pouvais, en terminant cette brève allocution, ajouter,
« moi aussi, ces paroles : « Consolez-vous ensemble, consolez-vous les uns les
« autres, avec les paroles que je viens de dire. »

« Et pourquoi pas, puisque j'exerce, moi aussi, indigne serviteur, le ministère
« de Dieu sur la terre ? O vous qui pleurez, pardonnez-moi de le dire : Il n'y a pas
« de douleur inconsolable ! Non, pour le chrétien, il n'y en a pas !… Il n'y en a
« pas ! Que ceux qui ne croient pas refusent la consolation, je le comprends…
« mais ceux qui croient en Dieu, non, non, ce n'est pas possible !

« Viennent en effet les jours sombres ; viennent ces événements qu'enveloppe
« le mystère et devant lesquels la raison humaine déconcertée n'aperçoit pas le
« moindre rayon de lumière, aussitôt la religion accourt et, du fond de ces
« ténèbres, elle fait jaillir le nom adorable de Dieu. Dieu est partout, dans son

« infinie majesté ; soit qu'il agisse, soit qu'il permette aux causes secondes d'agir,
« il est la cause universelle, profonde, incompréhensible. Cette apparition sou-
« daine de Dieu au milieu des plus terribles catastrophes, c'est l'apparition du
« soleil du sein de la nuit, jetant sur la nature obscurcie son manteau de lumière.
« Notre âme en est rassénérée. A l'ombre a succédé le jour.

« Viennent les jours de désastre : Il n'y a plus d'issue devant nous. . le déses-
« poir va s'emparer de notre cœur. Pourquoi ne pas l'appeler par son nom : Voilà
« la mort. Et devant elle nous voilà plongés dans la stupeur... Au nom de ce Dieu
« qui est partout, la religion s'approche et elle chante : *Mors stupebit et natura :*
« La mort tombera dans la stupeur avec la nature ! O mort, il y a quelqu'un qui l'a
« dit et tu l'as entendu : « O mort, c'est moi qui serai un jour ta mort. » Ah ! tu
« m'as jeté dans la stupeur, à mon tour je te plongerai dans la stupeur, et dans
« mon triomphe je chanterai avec tout l'univers le cantique joyeux de la résurrec-
« tion et de la vie : *Et mors non erit ultra !*

« Viennent, mes Frères, les jours des séparations ! Pourrons-nous, dans notre
« désolation, retenir sur nos lèvres cette plainte que murmure notre cœur : O Dieu
« qu'on dit si bon, seriez-vous donc un Dieu cruel? Car, pour être venu arracher
« de nos bras ceux que nous aimions !... Attendez ! Pendant que vous pleurez,
« j'entends une voix si douce ! *Veniemus et mansionem apud eun faciemus !* C'est
« l'hôte très doux de notre âme ! Non tu ne seras pas seul ! Je viendrai, j'établirai
« ma demeure au milieu de ton cœur : Je suis le Dieu, je suis le Père, je suis le
« Frère de tous ceux que tu as perdus ; je ne suis pas la séparation, je suis le lien
« et la réunion. Je suis le pont infini jeté sur les abîmes des temps et des éternités !

« Je savais tout cela, je me disais tout cela. Et pourtant, il y a huit jours, je
« l'avoue, un instant ces vérités se voilèrent à mes yeux. Debout devant ces ruines
« fumantes, en face de ce brasier qui consumait les restes à jamais méconnaissables
« de nos chères victimes, j'ai vu passer devant moi comme une vision de la puis-
« sance divine. Puissance souveraine, que rien n'arrête dans sa marche ! Puissance
« inexorable ! Elle ne dit rien à personne ; elle n'écoute pas nos cris ; elle ne
« répond pas aux interrogations de nos cœurs dans l'angoisse ! Et je disais : Il y
« a pourtant là au milieu de cette flamme impitoyable des âmes auxquelles j'ai en-
« seigné que Dieu est bon ! Que de fois ne leur ai-je pas dit : Il est bon ! Il n'est que
« bon ! La miséricorde et la justice se livrent dans son sein des combats ineffables ;
« mais c'est toujours la miséricorde qui l'emporte, car la justice la plus inexorable
« elle-même ne sort de ces combats que marquée à jamais au front des stigmates
« ineffaçables de la miséricorde. Me serai-je donc trompé?... Bientôt la lumière se
« fit en mon âme désolée.

« La première pensée qui me vint au cœur, c'est le souvenir de l'Œuvre pour
« laquelle ces nobles et saintes victimes ont péri.

« Il y a, mes Frères, parmi toutes les œuvres qui séduisent le cœur généreux
« de la chrétienne, de la femme française, il y a, dis-je, une œuvre humble,

« modeste, inpopulaire et en même temps très utile. Nous l'avons appelée :
« L'œuvre des noviciats dominicains. »

« On comprend une œuvre d'orphelinat, une œuvre d'hôpital. L'utilité de
« telles œuvres éclate aux yeux de tous. L'utilité d'une œuvre des noviciats quelle
« est-elle ? — Aider au recrutement des ordres religieux ? Mais est-il permis de
« se dévouer publiquement à des œuvres que réprouve l'opinion publique égarée,
« que les lois ne protègent plus, qui ne sont la plupart du temps pour les pouvoirs
« publics qu'un embarras permanent ? Qui osera donner son nom à une œuvre
« pareille ? N'est-ce pas compromettre son nom, sa fortune, l'avenir de ses enfants ?
« Combien d'âmes généreuses ont dû s'arrêter au seuil de nos œuvres ! Et puis
« cette œuvre des noviciats est-elle donc si utile ? Et les richesses accumulées
« des ordres religieux ?...

« Ah ! mes Frères, une illustre princesse nous avait pris sous sa protection et
« couverts de son grand nom ! Des princes, aujourd'hui, daignent nous honorer de
« leur amitié ; mais nous, nous ne sommes pas des princes ! Pour la plupart, pauvres
« enfants, nous n'apportons à l'Ordre qui nous ouvre les rangs de sa milice que
« notre dévouement ! Le pain, le pain de chaque jour, c'est pour nous le pain de
« l'aumône ! Ah ! ce pain que nous n'avons pas apporté avec nous, c'est ce bataillon
« sacré, aujourd'hui décimé par le fléau, c'est ce bataillon d'élite groupé autour
« de son illustre chef qui n'a cessé de nous l'apporter. *Ministrabant ei de facul-*
« *tatibus suis.* Ainsi, les saintes femmes de l'Évangile suivaient le Christ et lui
« venaient en aide. Ah ! elles ont compris que s'il est bon et utile de bâtir des
« écoles et de fonder des hôpitaux, on doit être libre aussi de se faire religieux et
« de se vouer pour le bien des âmes à une vie pénitente et apostolique.

« O mon Dieu, vous avez compté les pas de nos généreuses protectrices ! Vous
« avez compté les obstacles renversés, les rebuts essuyés, les sacrifices de toute
« sorte accomplis dans leur ministère de charité ! Vous avez vu, ô mon Dieu, leur
« persévérance que rien n'a pu lasser ; le verre d'eau abondant qu'elles n'ont cessé
« de nous apporter, ne le récompenserez-vous pas ? Que dis-je, le verre d'eau ?
« A la fin c'est la coupe de leur vie, coupe débordante de foi et de charité, qu'elles
« ont répandue pour leur œuvre !

« Leur mort, leur mort elle-même, mes Frères, malgré toutes ses épouvantes,
« nous apparaît comme une source des plus vives consolations !

« Ah ! comme elle nous humilie, la mort ! Quand elle arrive soudaine, impi-
« toyable, elle glace le sang dans nos veines ! Les plus vaillants ne peuvent
« s'empêcher de trembler !...

« Est-elle donc invincible cette mort ennemie ? Oui, une âme qui n'est pas
« chrétienne doit être petite devant la mort ! En lui prenant sa dépouille terrestre,
« il semble qu'elle emporte tout avec elle et qu'elle ne laisse sur son passage
« que l'anéantissement. Mais pour une âme chrétienne ! Si elle le veut, elle peut
« regarder en face l'ange exterminateur et lui dire : Prends ma dépouille ! Emporte

« ce manteau usé par le temps. Moi tu ne me toucheras pas, je suis immortelle.

« Je crois pouvoir vous l'affirmer : nos saintes victimes ont été grandes devant
« la mort.

« Que de fois, depuis le jour douloureux de la catastrophe, que de fois avec
« leurs parents et leurs amis, je disais : Que s'est-il passé dans leur esprit et dans
« leur cœur au moment suprême ? Devant la flamme dévorante, devant la mort
« inévitable, qu'ont-elles pensé ? Hélas ! d'une façon précise, nous ne le saurons
« jamais ! Nous ne pourrons que le conjecturer ; mais nous le pouvons, je crois,
« sans crainte de nous tromper. Je sais ce qui était dans leur âme à ce moment ! Je
« puis dire comment Dieu, à notre insu à tous, les préparait au dernier sacrifice !

« Quelques jours avant le 30 avril, jour où nous célébrons la fête de sainte Ca-
« therine de Sienne, je vis venir à moi l'une de nos chères et saintes victimes. C'était
« celle qui, après les avoir groupées autour d'elle par l'ascendant de son nom et
« de sa vertu, devait, comme un chef magnanime, les conduire au Sacrifice. « Mon
« Père, dit-elle, ne voudriez-vous pas me dire quelques paroles, pour m'aider à célé-
« brer dignement la fête de sainte Catherine ? — Mon enfant, lui répondis-je, j'ai lu
« ce matin à la messe de saint Paul de la Croix des paroles qui m'ont impres-
« sionné, je vais vous les dire et vous les expliquer, elles vous feront du bien
« Avec le Christ j'ai été cloué à la Croix ! » En quelques mots je lui rappelai le
« mystère de la souffrance et de la mort et en même temps la douceur de ce
« mystère, puisque sur la croix où nous sommes cloués, le Christ souffre et meurt
« avec nous.

« Et comme cette âme avide de la vérité me priait de développer plus longuement
« cette pensée, je répondis : Le jour de Sainte-Catherine je répéterai ce que je
« viens de dire. Et en effet, devant nos tertiaires rassemblés, j'appliquai à la glo-
« rieuse vierge de Sienne la parole que l'Esprit-Saint applique à Judith : « *Fecisti*
« *viriliter :* Vous avez fait œuvre d'homme. » Alors que les hommes, au
« XIVᵉ siècle, oubliaient leurs devoirs, n'a-t-on pas vu cette petite femme qui ne
« savait ni lire, ni écrire, enseigner aux hommes leurs devoirs, remuer les volontés
« et les peuples ? A leur tour, je les engageais à se montrer des âmes viriles dans la
« vie. Pouvais-je me douter que je les préparais à se montrer viriles dans la mort ?

« La leçon avait été comprise, je le savais. Elle a été mise en pratique.

« On annonce à la duchesse d'Alençon que le feu dévore le Bazar : « A genoux,
« dit-elle, faisons ensemble notre prière. » Puis, selon le dire d'un autre témoin, se
« relevant, elle demeure immobile, les yeux attachés au ciel... Enfin on veut l'en-
« traîner : « Partez, dit-elle, je ne sortirai que la dernière. »

« Paroles dignes d'un grand homme ! Les héros se comportent-ils autrement ?
« Comme un vaillant capitaine sur un navire en détresse, elle n'a voulu se sauver
« qu'après avoir vu partir la dernière de ses compagnes. *Fecisti viriliter*.

« Et que dire de la fécondité de cette mort cruelle ? Oh ! chrétiens, ne nous
« scandalisons pas ! Cette mort cruelle, c'est un sacrifice ! Le sacrifice n'a jamais

« été stérile, c'est la première puissance du monde ! N'est-ce pas par le sacrifice
« que le genre humain a été régénéré? Et cette civilisation dont nous sommes si
« fiers, d'où nous vient-elle sinon des souffrances et de la mort d'un Dieu qui s'est
« fait homme tout exprès pour pouvoir souffrir et mourir? Dieu s'est tu devant les
« appels désespérés de nos victimes ! Il a laissé le fléau exercer jusqu'au bout ses
« ravages. Pouvons-nous donc oublier que son Fils, une fois, n'a pas été écouté
« dans sa plainte : Mon Dieu, mon Dieu, disait-il, expirant sur la croix, pourquoi
« m'avez-vous abandonné? Qui pouvait comprendre alors un pareil abandon? Nous
« l'avons compris depuis, à la vue de la fécondité du sacrifice de la croix !

« Depuis quelques années, il s'était fait, dans notre pays, une sorte de conspi-
« ration du silence contre Dieu et son Christ. Ah! que de fois j'ai entendu les âmes
« chrétiennes en gémir ! Nous écoutions avec angoisse, chaque fois que s'ouvrait
« une tombe officielle. Jamais plus, même en face d'une tombe entr'ouverte, jamais
« plus le nom de Dieu ne venait témoigner de la foi et de l'espérance de l'âme
« française. La nuit tombait de plus en plus épaisse autour de nous.

« La catastrophe arrive. Aussitôt, par-dessus les frontières, de peuple à peuple,
« volent des dépêches de douloureuse sympathie ! Et c'est au nom du Dieu vivant
« invoqué que les cœurs, les souverains et les peuples se rapprochaient pour pleurer
« ensemble sur les glorieuses victimes de ce grand désastre.

« Ah ! elles ont dû tressaillir du sein de leur détresse en voyant surgir de leur
« sacrifice la résurrection de Dieu dans notre pays. Les blasphémateurs en ont
« frémi. N'est-ce pas, d'ailleurs, sous les voûtes de Notre-Dame, dans la maison de
« Dieu, aux pieds de Dieu, aux pieds des autels du Dieu vivant, que la France
« entière est venue se réfugier dans sa consternation, comme si elle avouait n'avoir
« pu, sans Dieu et loin de Dieu, donner aux victimes de la charité un témoignage
« assez pur et assez éclatant de sa douloureuse pitié? Est-ce, mes Frères, le com-
« mencement de la réconciliation et la fin de nos discordes? Je le crois et je
« l'espère.

« Quand vous voulez savoir si Dieu est présent quelque part, regardez ce qui
« se passe dans l'âme humaine ! C'est pour le bien que s'accomplissent les sacrifices.
« Vous ne comprenez pas le pourquoi du sacrifice. Regardez là et vous compren-
« drez. Eh bien! mes Frères, j'ai regardé dans l'âme de l'homme au lendemain de ce
« lamentable désastre...

« Il y avait là des époux, des maris, des filles, des sœurs, des parents, des amis.
« Les eaux, les grandes eaux des grandes douleurs avaient envahi toutes ces âmes.
« Et au fond, à la place de la révolte ou de la plainte, je n'ai trouvé que la plus
« sublime résignation. Merci, mon Dieu! C'est vous qui avez passé par là! Vous
« avez posé votre main très douce sur ces cœurs meurtris! Vous essuierez leurs
« pleurs!

« Je ne dis pas assez. A côté du sentiment de la résignation, j'en ai trouvé un
« autre plus extraordinaire.

« Non seulement les eaux de la douleur ont submergé tous ces cœurs amis ;
« mais, pouvait-il en être autrement, je les ai trouvés abattus. Comme un soldat qui
« voit sombrer dans la défaite la liberté et l'indépendance de sa patrie et de son
« foyer, je les ai vus assis au bord du chemin comme des vaincus.

« Et pourtant ! Du fond de l'abîme où ils sont tombés, un sentiment extraordi-
« naire a surgi dans leurs cœurs. Ils sont fiers ! Et moi, à mon tour, je me sens fier
« de nos victimes. Pourquoi ? Comment ? Qui le dira ? Est-ce possible, ô mon Dieu ?
« Quoi ! Devant ce bûcher, devant cette défaite et ces ruines ? Qui donc nous a mis
« au cœur cette fierté, sinon Celui qui sait tirer le bien du mal et faire sortir les
« triomphes du sein des batailles perdues ? Au milieu de leurs larmes, je les ai en-
« tendus. Ils disaient : « Avoir paru sur le champ de bataille, y avoir péri, avoir
« donné sa vie généreusement pour le Christ et pour ses œuvres, ce sera un titre
« de gloire qui se transmettra à nos enfants de génération en génération. »

« Puissé-je, mes Frères, par ces quelques paroles, vous avoir consolés ! Je crois
« vous avoir dit la pure et simple vérité !

« O chères et saintes victimes, tant de fois je vous ai vues du haut de cette
« chaire ! Avidement vous écoutiez la parole de Dieu… Je ne vous verrai plus ! Vous
« buvez en ce moment, à longs traits, à la source du Verbe sacré, dans l'éternité !
« Tant de fois je vous ai vues agenouillées à cette table sainte pour vous rassasier
« de la chair du Fils de Dieu… Je ne vous y verrai plus !… O chères et saintes vic-
« times, c'est à découvert que vous le contemplez à présent, assises à la table du
« banquet éternel ! Tant de fois je vous ai vues cherchant au confessionnal la puri-
« fication des souillures qu'apporte la poussière du chemin de la vie… Je ne vous y
« verrai plus ! Vous avez trempé vos vêtements dans le sang de l'Agneau qui efface
« les péchés du monde, et, invitées à ses noces, revêtues de lumière et de pureté,
« vous parcourez avec lui les espaces infinis. Je n'ai plus qu'une prière à vous
« adresser.

« La prudence et l'humilité nous le conseillaient, nous avons prié pour vous, et
« nous prierons pour vous. Nous entendrons la parole d'outre-tombe que l'Église
« nous apporte de la part de ses enfants : *Miseremini mei, saltem vos amici mei !*…
« Oui, nous sommes vos amis, nous vous entendons et nous vous aimerons !

« A votre tour, dans ces demeures que vous préparait le Sauveur et que vous
« ont méritées vos sacrifices, écoutez-nous : vous du moins qui êtes nos amis, ayez
« pitié de nous !

« Vous avez laissé ici sur la terre des époux, des enfants, des amis, des œuvres
« qui vous pleurent et vous regrettent. O chères et saintes protectrices, ne nous
« oubliez jamais. Priez pour nous.

« Ainsi soit-il. »

Allocution de S. Ém. le Cardinal Perraud

Évêque d'Autun, Membre de l'Académie française

PRONONCÉE DANS L'ÉGLISE SAINT-LOUIS DES FRANÇAIS, A ROME

Au service funèbre célébré le Mardi 11 Mai 1897

POUR LES VICTIMES DE L'INCENDIE DU BAZAR DE LA CHARITÉ, A PARIS

MESSEIGNEURS,
MESSIEURS,
MES FRÈRES, .

Hier matin, on m'avait demandé de prononcer quelques paroles à l'issue de la funèbre cérémonie où nous sommes venus prier pour les victimes de la catastrophe du 4 mai et donner à leurs familles un témoignage de nos fraternelles, de nos chrétiennes condoléances. J'avais d'abord refusé. Il me semblait que, devant un tel désastre, il n'y avait autre chose à faire que de se recueillir, de prier en silence, de méditer sur cette Éternité dans laquelle nous pouvons être précipités d'une façon si soudaine.

Toutefois, l'Église qui parle à Dieu pour les hommes quand elle prie, et surtout quand elle offre cet auguste sacrifice de l'autel qui continue le sacrifice de la croix et en renferme toute l'efficacité, ne saurait refuser de parler aux hommes au nom de Dieu, soit qu'elle les aide à se soumettre aux très mystérieuses dispensations de sa Providence, soit que, par une compassion toute maternelle, elle s'associe à leurs désolations. J'ai donc accepté l'honorable invitation qui m'était adressée et voilà pourquoi je suis monté dans cette chaire.

Mais, pour s'acquitter dignement d'un tel ministère dans de si lugubres circonstances, il faudrait pouvoir vous faire entendre les accents d'un Jérémie, pleurant dans l'amertume de son cœur sur les ruines de la cité sainte : *Amaro animo suspirans et ejulans planxit lamentatione hac in Jerusalem* (1).

---

1. Jér., *Proem,* in *Lam.*

Cependant, si ce n'est pas la voix pathétique et puissante du chantre des Lamentations que vous entendrez, c'est lui, du moins, qui m'aidera à vous redire, dans les termes mêmes qui lui ont été dictés par l'Esprit de Dieu, les circonstances principales d'un désastre qui a mis en deuil Paris et la France, et dont on peut affirmer, sans exagération, qu'il a fait tressaillir d'effroi, de douleur et de pitié tout le monde civilisé.

En vérité! ne croirait-on pas que le prophète avait vu de ses yeux l'événement terrible accompli dans notre capitale il y a juste une semaine? Peut-on parler d'une manière qui se rapporte plus directement à l'événement? Je vous en fais juges :

« Le Seigneur a allumé en Jacob un feu dont la flamme a tout dévoré dans ses tourbillons, *succendit in Jacob quasi ignem flammæ devorantis in gyro* (1). Tout ce qu'il y avait de beau dans le tabernacle de la fille de Sion a péri. L'élite de mon peuple a disparu... *occidit omne quod pulchrum erat visu in tabernaculo filiæ Sion... abstulit omnes magnificos meos de medio populi* (2).

Ce tableau est déjà d'une saisissante exactitude. Toutefois, ce qui précède n'est rien en comparaison de la description suivante, dont les termes reproduisent, presque mot pour mot, tout ce que nous ont appris les relations venues de Paris.

Le rapport est si frappant que je ne serais pas surpris si la critique rationaliste prétendait que nous avons inventé ce verset et qu'il n'a été introduit que depuis quelques jours dans le texte de Jérémie. Écoutez :

« Leur visage est devenu plus noir que le charbon. *Denigrata est super carbonem facies eorum.* Leurs proches sont venus, mais ils n'ont pu reconnaître leurs cadavres, rendus semblables à du bois calciné. *Et non sunt cogniti in plateis et facta est quasi lignum* (3). »

Puis, avec une audace dont nous trouvons plus d'un exemple dans nos écrivains sacrés, Jérémie interpelle le Seigneur : « Mon Dieu! votre regard si clairvoyant ne se serait-il pas mépris? Votre justice souveraine ne se serait-elle pas trompée? Voyez, Seigneur, considérez avec attention qui vous avez frappé de la sorte : *Vide Domine et considera quem vindemiaveris ita* (4). »

Voilà bien, en effet, Messieurs, l'obscur, le douloureux, le terrible problème. Déjà David l'avait formulé, lui aussi, avec une étonnante hardiesse.

Voici comment au psaume LXXVIII, il ose parler à Dieu :

« Seigneur! jusques à quand allumerez-vous contre nous le feu de votre colère? Répandez-le, ce feu, sur ceux qui vous méconnaissent ou vous blasphèment. Mais

1. Lam. Jér., ii, 3.
2. II, 5, 1, 15.
3. IV, 8.
4. II, 21.

nous, ne sommes-nous pas votre peuple et les brebis de votre bercail? *Nos autem populus tuus et oves pascuæ tuæ?* (1). »

Après David et Jérémie, je m'enhardis, moi aussi, à interroger le suprême arbitre de nos destinées. Seigneur, lui dirai-je, ces femmes, ces jeunes filles, ces religieuses, ces hommes de bien ne s'étaient pas réunis pour blasphémer votre nom, pour faire la guerre à votre Église, pour corrompre leurs semblables par des spectacles et des chansons infâmes... Tous et toutes étaient vos serviteurs et vos servantes, vos disciples, vos amis, *nos autem populus tuus et oves pascuæ tuæ*. Au moment même où vous les avez frappés, ils travaillaient pour vous, puisqu'ils travaillaient pour vos membres souffrants... Encore une fois, Seigneur, considérez attentivement ces êtres purs, bons, gracieux, dévoués, sur lesquels votre bras est venu tout d'un coup s'appesantir. *Vide Domine et considera quem vindemiaveris ita...*

Mes chers Frères, je le déclare très haut : ce mystère est inexplicable à la raison humaine abandonnée à ses seules ressources. Sans doute, elle aura des élans de pitié et de générosité qui lui feront honneur. Mais la logique la conduira à dire que le monde est gouverné par le hasard ou n'obéit qu'aux lois fatales et inconscientes de la nature. C'est toute la consolation qu'elle pourra donner à ceux qui pleurent sur tant de tombes prématurément ouvertes.

Pour nous, chrétiens, éclairés par une sagesse meilleure qui surajoute ses lumières à celles de la raison naturelle, nous pouvons souffrir et nous souffrons beaucoup en présence d'une telle calamité — mais nous ne sommes pas confondus (2). Au milieu même de cette effroyable tempête de sang et de larmes, notre foi et notre espérance demeurent inébranlables. D'où cela vient-il?

Je ne crains pas de vous le dire, mes Frères, je vois dans cette épreuve une application de la loi fondamentale de la Rédemption; application terrible, j'en conviens, mais singulièrement honorable pour ceux qui ont été immolés, et singulièrement consolante pour ceux qui leur survivent.

La question anxieuse de Jérémie au Tout-Puissant : « Seigneur, avez-vous considéré qui vous frappez ainsi? » n'avait-elle pas jailli du cœur ému de quelques fidèles disciples lorsqu'ils entendirent une foule, ivre de passion et de fureur sanguinaire, demander au gouverneur romain de délivrer Barabbas, le voleur et le meurtrier, tandis que pour Jésus, l'innocent, le doux bienfaiteur, le saint par excellence, elle jetait cette clameur semblable à un rugissement : *Crucifigatur?* Puis, quand le pauvre condamné traînait péniblement sa lourde croix et qu'à plusieurs reprises il défaillait sous ce fardeau, arrosant de son sang les dalles de la voie douloureuse; et enfin, lorsque les coups de marteau enfonçaient les clous dans ses pieds et dans ses mains, et durant les trois longues heures de son agonie, est-ce

1. Ps. LXXVIII, 13.
2. *Hæc patior, sed non confundor.* (II Tim., ɪ, 12.)

que Marie, et les saintes femmes, et d'autres encore, ne répétaient pas, à travers leurs sanglots : Seigneur ! voyez, regardez qui vous traitez de la sorte : *Vide, Domine, et considera quem vindemiaveris ita...*

Le Seigneur les entendait ; et déjà, par la bouche d'Isaïe, il leur avait répondu cette parole qui est toute la clef du mystère : « Dieu a mis sur cet innocent l'iniquité de nous tous (1) ».

Oui, c'est là le fond de l'idée rédemptrice et par conséquent le principe même du christianisme. Avec et après son Fils, Dieu a mis à part des créatures bonnes, généreuses, dévouées et il leur fait l'honneur immense de les associer à l'œuvre de réparation accomplie par Jésus-Christ au prix de son sacrifice. Comme Jésus-Christ, elles deviennent des hosties de propitiation : leurs souffrances et leur mort ne profitent pas seulement à leur salut éternel : elles deviennent des rédemptrices, elles expient des iniquités individuelles ou sociales, et la justice divine, satisfaite par leurs souffrances, rend possible l'action de la miséricorde.

Non, il ne faut pas dire que la catastrophe dont le souvenir nous émeut et nous rassemble n'a pas de sens. Elle en a un très austère, je l'avoue, mais très grand, très élevé, très lumineux.

D'ailleurs, il faut embrasser dans son intégrité toutes les parties de ce drame. Il ne faut pas voir seulement ces cadavres calcinés ; ces visages plus noirs que le charbon ; ces têtes, tout à l'heure encore si charmantes et pleines de vie, violemment séparées des corps dont elles étaient l'ornement ; ces membres mutilés et méconnaissables ; ces pieds, ces mains, ces entrailles, dont on ne saurait plus dire à qui elles ont appartenu... Au-dessus de ces horreurs, planent des beautés morales de premier ordre.

Voyez cette princesse de sang royal. Semblable à ces capitaines de navire, qui dans la tempête et à l'heure du naufrage veillent par-dessus tout au salut de l'équipage, ne quittent que les derniers leur banc de commandement et, s'ils ne le peuvent, descendent vivants dans le gouffre, afin d'obéir à la consigne de la discipline et de l'honneur, la duchesse d'Alençon, tandis que les tourbillons de feu s'approchent d'elle et la menacent, exige que les dames de son entourage la précèdent vers les issues de l'édifice. Elle est devenue la proie des flammes, parce qu'elle a été héroïque dans son courage et son dévouement. Non loin d'elle, une femme, une mère dont je pourrais dire le nom, elle aussi, a péri, parce qu'avant de penser à son salut, elle a voulu procurer celui des autres. Sa vie, volontairement sacrifiée, a épargné celle d'une vingtaine de personnes.

A ces martyres de la charité n'est-il pas bien juste d'appliquer la parole du Sauveur : « On ne peut pas donner à ses frères une plus grande marque d'amour que de mourir pour eux ? (2) » Que dire encore de ces domestiques, de ces servantes,

1. Is., LIII, 6.
2. S. Jean, XV, 13.

de ces ouvriers qui ont accompli des prodiges pour arracher aux flammes les victimes qu'elles enveloppaient déjà et commençaient à dévorer?

Et combien d'autres actes admirables qui resteront le secret de leurs auteurs, mais que Dieu a vus, approuvés, bénis..., récompensés!

Oui, je le dis avec une douce confiance : récompensés. Pour ceux dont je parle, l'oracle du Saint-Esprit a été autre chose qu'une métaphore. « De même que l'or et l'argent sont éprouvés par le feu, les âmes agréables à Dieu sont purifiées dans la fournaise de la tribulation (1) ».

Rien n'a été plus strictement, plus cruellement vrai pour nos chères victimes! Elles ont passé par le feu! Et le feu, en faisant disparaître les scories de l'humaine faiblesse, les a purifiées et rendues dignes d'entrer là où rien de souillé ne saurait être admis.

De plus, ces morts ont été frappés dans l'acte même de cette dilection de la charité dont l'apôtre nous apprend qu'elle constitue l'accomplissement parfait de la loi, *plenitudo legis dilectio* (2). Sans faire violence à la vérité, on peut leur appliquer la parole dite de notre divin Sauveur, *pertransiit benefaciendo* (3). Ils étaient occupés à opérer le bien quand ils ont dû passer, presque sans transition, de vie à trépas, du temps à l'éternité, mais pour être accueillis par Celui qui, au nom des plus solennels engagements consignés dans son Évangile, leur a tenu ce langage : C'est à moi que vous donniez du pain, des vêtements, un asile dans la personne des pauvres que vous secouriez pour l'amour de moi; c'est moi que vous honoriez et que vous serviez en vous dévouant aux œuvres de zèle et de charité patronées par mon Église, laquelle est mon corps mystique. Oui, c'est à moi que vous avez fait du bien. — Entrez, bons serviteurs, fidèles servantes, dans la joie de votre Seigneur et maître, et demeurez-y à jamais (4).

Ils faisaient du bien au moment de leur mort. Ils en ont fait depuis. Grâce à eux, une trêve s'est produite au milieu de nos querelles politiques et sociales. L'immense émotion des cœurs a, du moins pour quelque temps, rapproché les esprits. L'unité s'est refaite dans l'unanimité des sentiments de commisération respectueuse et attendrie. Depuis le Chef de l'État jusqu'aux plus humbles, tous ont voulu prendre leur part de ce deuil.

O chères victimes de la charité, nous venons de prier pour vous : nous le ferons encore; mais, en même temps, nous vous demandons de prier pour votre pays et pour nous. Obtenez de Dieu que nos tristes dissentiments prennent fin! Au prix des flammes du bûcher de Rouen, notre immortelle Jeanne d'Arc laissa une France où il n'y eut plus ni Armagnacs ni Bourguignons, mais seulement des Français! Sollicitez en notre faveur une grâce pareille et que votre sacrifice, retombant

1. Ecclésiastique, II, 5.
2. Rom., XIII, 10.
3. Act. apost, x, 38.
4. S. Matth., xxv, 34-35.

sur nous en bénédictions, refasse dans notre patrie l'unité dans la vérité et dans la charité. En exprimant ce vœu, je suis bien sûr d'être l'écho du grand cœur de Léon XIII.

Et maintenant, ô Jésus! ô vous qui avez versé des larmes d'ineffable compassion, en union avec celles de Marthe et de Marie, devant la pierre sépulcrale de Lazare, nous recommandons à votre cœur infiniment miséricordieux ces nombreux orphelins qui pleurent leurs mères, ces époux et ces mères auxquels on apporte les débris informes des compagnes de leur vie ou de leurs filles. Soutenez-les! consolez-les dans leur ineffable douleur et vous les consolerez en leur donnant le sentiment que ces êtres chéris, arrachés à leur tendresse dans des conditions si dures, sont maintenant établis pour jamais dans votre paix, votre lumière et votre amour.

Faites entendre à ceux qui survivent un écho des exhortations que leur adressent ces âmes délivrées. Elles leur disent : « Courage, patience ! encore un peu de temps, *modicum* (1). » La séparation ne sera pas longue. Nous nous retrouverons. Nous sommes arrivées les premières au but. Nous vous y donnons rendez-vous. N'y manquez pas, et pour l'atteindre sûrement, marchez avec plus de courage et de fidélité que jamais dans le chemin de la foi, de la vérité chrétienne, de la charité évangélique. Nous avons commencé le chant de l'action de grâces. Vous viendrez le continuer avec nous, et tous ensemble, un jour, bientôt, nous redirons sans nous lasser, nous redirons éternellement les miséricordes du Seigneur. *Misericordias Domini in æternum cantabo* (2).

1. Joan., xvi, 16.
2. Ps. lxxxviii, 1.

LETTRE DE SON ÉMINENCE

A MESSIEURS LES VICAIRES GÉNÉRAUX D'AUTUN

Rome, 15 mai 1897.

Mes chers Vicaires Généraux,

Si de grands devoirs ne m'avaient appelé et retenu ici, j'eusse voulu, entouré de vous, de notre vénérable Chapitre, des prêtres et des fidèles de la ville épiscopale, prier pour les victimes du 4 mai dans notre cathédrale de Saint-Lazare, dont le nom seul est un gage de résurrection et une protestation victorieuse des certitudes de notre foi contre les terribles perfidies de la mort.

Ce que je n'ai pu faire à Autun, je viens de l'accomplir à Rome.

Mardi dernier 11 mai, non seulement j'ai assisté au service funèbre célébré à Saint-Louis des Français, mais cédant à de bienveillantes instances, devant un auditoire très nombreux, où se pressaient, autour de nos ambassadeurs, les membres du corps diplomatique et toute la colonie française de Rome, et qu'honoraient de leur présence trois de mes collègues du Sacré Collège (1), j'ai prononcé une allocution que vous pourrez lire d'ici quelques jours.

En outre, le lendemain 12 mai, j'ai été dire une messe de *requiem* dans la chapelle des Religieuses de Notre-Dame du Cénacle, dont nous avons une maison à Paray-le-Monial. Là encore, je fus sollicité de prendre la parole.

Je ne pouvais pas répéter ce que j'avais dit la veille à Saint-Louis. Mais Dieu me suggéra une pensée que je développai pendant quelques minutes et qui fut accueillie avec empressement par la pieuse assistance.

La voici :

« Nous avons beaucoup prié et nous prierons encore beaucoup pour ceux et pour celles qu'une épouvantable catastrophe a fait périr dans la soirée du 4 mai. Mais c'est aussi pour nous un devoir de fraternité chrétienne de prier beaucoup pour les parents qui survivent à ces pauvres morts.

« Il ne faut pas nous le dissimuler. Un accident aussi tragique, et les sacrifices sanglants qu'il a imposés à un grand nombre de familles, sont de nature à susciter de redoutables tentations contre la foi, contre l'espérance, contre la confiance en Dieu. Nous savons par nos Écritures ce qui se passa pour Job et pour Tobie, lorsqu'ils furent frappés de la façon la plus rigoureuse, et en apparence la plus contraire à la justice, au milieu même des œuvres de miséricorde et de religion dont ils s'acquittaient avec tant de zèle et de charité. Au lieu de les incliner par leurs paroles à la résignation et à la soumission, leurs amis et leurs proches les provoquèrent ouvertement à murmurer, à se

---

1. Leurs Éminences les Cardinaux Vincent Vannutelli, Macchi et Ferrata, ancien nonce de Paris, qui a donné l'absoute.

révolter, à blasphémer (1). Ces saints personnages résistèrent généreusement à ces détestables conseils.

« Il est inutile de rappeler en quels termes ils exprimèrent leur obéissance la plus filiale aux mystérieuses dispensations de la Providence.

« N'est-il pas très vraisemblable que l'esprit de ténèbres, de doute, de négation essaiera de tirer parti de cette horrible catastrophe, et de la douleur aiguë de ceux qui pleurent, pour leur suggérer des pensées de révolte?

« C'est au secours de ces âmes troublées que je demande à tous les vrais chrétiens de se porter avec moi. Il nous est impossible d'aller trouver chacune de ces familles en deuil pour nous acquitter envers elles de ce fraternel ministère de compassion et de consolation qui est si fort recommandé par l'apôtre saint Paul aux disciples de l'Évangile (2). Mais ce que nous ne pouvons effectuer nous-mêmes directement, nous pouvons, nousdevons chercher à le faire par l'Esprit de Dieu.

« Ne s'appelle-t-il pas « l'Esprit Consolateur », *Consolator optime*? N'est-ce pas à Lui qu'il appartient d'agir intimement sur ces cœurs déchirés, ulcérés et en même temps, peut-être, agités de furieuses tempêtes contre la foi et contre l'espérance? Et comment les consoler d'une manière très efficace, sinon précisément en leur donnant, comme le dit une belle prière de notre liturgie (3), un accroissement de foi, d'espérance, de charité, qui les armera contre les assauts du démon, et leur communiquera la force de monter jusqu'à cette région sereine et pacifique où, sans comprendre les incompréhensibles desseins de Dieu, l'âme la plus affligée peut pratiquer une confiance toute filiale, et avoir le mérite héroïque de répéter la profession de foi dont l'Esprit de Dieu lui-même a dicté la formule : « O Père, c'est votre Providence qui gouverne toutes choses (4). »

Comme conclusion pratique de ces très simples réflexions, j'ai demandé aux Religieuses de la Retraite, vouées au Saint-Esprit par leur titre de Notre-Dame du Cénacle, de commencer immédiatement une croisade de prières à l'intention spéciale d'assister les parents des victimes.

Nous nous sommes tous engagés à réciter pour eux chaque jour, jusqu'au samedi de l'octave de la Pentecôte inclusivement, le *Veni Creator*.

J'ai l'intime et douce confiance que mon appel retentira bien au delà des limites de la chapelle romaine où je le faisais entendre mercredi dernier. Contribuer à consoler les survivants du terrible désastre, ce sera du même coup attirer sur eux, sur tant de pauvres orphelins, sur les chers morts eux-mêmes, une très abondante effusion de grâces de Celui en qui, ne l'oublions pas, surtout à cette heure d'immense désolation, « la miséricorde surpasse la justice ».

Je vous renouvelle, mes chers Vicaires Généraux, l'assurance bien cordiale de mon affectueux dévouement en Notre-Seigneur.

† Adolphe-Louis-Albert Card. Perraud,
Évêque d'Autun.

P. S. — Au moment même où je terminais cette lettre, j'ai reçu communication de l'Encyclique du Saint-Père sur le Saint-Esprit.

Je suis bien touché de cette coïncidence qui fortifie par la plus haute des autorités mes propres exhortations.

1. Tobie, ii, 16. — Job, ii, 9.
2. Épître aux Corinthiens, ch. i.
3. Domine, da nobis augmentum fidei, spei et charitatis. (Collecte du XIIIᵉ dimanche après la Pentecôte.
4. Sagesse, xiv, 3.

DISCOURS DU R. P. MONSABRÉ

PRONONCÉ

AU SERVICE FUNÈBRE CÉLÉBRÉ LE 18 MAI 1897

EN LA CHAPELLE DES RR. PP. DOMINICAINS

Pour les Victimes de la Charité mortes dans la catastrophe du 4 Mai 1897.

« MES FRÈRES,

« Selon la parole d'une grande Sainte, un rayon de la bonté de Dieu
« reluit dans les peines qu'il inflige. Elle disait cela des peines de l'autre
« monde. Ne puis-je pas le dire des peines de cette vie, et particulièrement
« du grand coup qui a déchiré nos cœurs et fait couler nos larmes?

« Quelle catastrophe, mon Dieu! Dans un lieu béni où la charité était
« en fête, un cri sinistre retentit tout à coup : Au feu! Et à ce cri répond
« une immense clameur d'épouvante et d'affolement. Tout le monde veut
« fuir. On se précipite, on s'écrase, on foule aux pieds ceux qui tombent;
« entre des murs embrasés et sous une pluie de feu, plus de cent victimes
« expirent dans le plus horrible des supplices; et combien d'autres empor-
« tent, loin du funeste brasier, des blessures auxquelles elles ne survivront,
« si la mort les épargne, que mutilées et défigurées. Vingt minutes, à peine,
« ont suffi pour faire de cette foule si vivante, où les plus nobles et les plus
« saintes femmes de la société parisienne rivalisaient d'ardeur aux généreux
« combats de l'amour chrétien contre les misères humaines, un amas
« hideux de cadavres, convulsés, noircis, rongés, calcinés, méconnais-
« sables.

« Voilà ce que vous avez fait, mon Dieu ! Et ce n'est pas tout. Vous avez
« affligé, meurtri, déchiré plus de cœurs de pères, de mères, d'époux, de
« frères, de sœurs et d'amis, que vous n'avez fait de victimes. Pourquoi ?
« Pourquoi ? Pourquoi ? Car, enfin, ce n'était pas à l'appât d'une fête toute
« mondaine et d'un plaisir malsain que cette foule était accourue. C'était le
« cri de nos pauvres qui l'avait attirée, le cri de ceux dont vous avez dit :
« Ce que vous ferez à mes chers petits, c'est à moi que vous le ferez. »

« O profond et douloureux mystère ! L'impiété s'en empare pour blas-
« phémer contre la Providence et ne veut voir, dans le supplice de tant
« d'innocents, qu'une haute leçon d'athéisme. La sagesse humaine dérai-
« sonne. La foi des chrétiens imparfaits se sent ébranlée. Mais moi, mais
« vous avec moi, mes Frères, nous adorons dans un saint tremblement le
« Maître souverain des vies humaines, toujours sage, toujours juste, tou-
« jours bon dans ses plus inexplicables rigueurs.

« Si la tentation de l'accuser nous mordait au cœur, vite nous jetterions
« les yeux sur le divin Crucifié et nous lui dirions : O grand juste ! O par-
« fait innocent ! O Fils très pur et très saint de notre Père des cieux ! Dans
« les tourments de votre cruelle agonie, vous avez poussé ce cri de détresse :
« Mon Dieu, mon Dieu, pourquoi m'avez-vous abandonné?.:. Et Dieu muet
« vous montrait l'humanité pécheresse. Et votre Mère, votre douce Mère,
« debout au pied de la croix, les yeux en larmes et le cœur déchiré par vos
« suprêmes douleurs, ne répondait aux coups de la justice qui vous sacri-
« fiait que par un humble et héroïque *fiat*. Elle avait vu reluire dans votre
« sanglante immolation un rayon de l'infinie bonté qui sauvait le genre
« humain.

« Être associés à l'œuvre de la rédemption, être marqués du divin ca-
« ractère de *sauveurs*, c'est l'honneur, le sublime honneur des innocentes
« que Dieu appelle à lui par de grands coups, quand nos fautes et nos crimes
« ont par trop lassé sa patience.

« Ah ! vous ne comprenez pas cela, vous qui voulez bien nous
« permettre d'émouvoir votre sensibilité pour en tirer des larmes de com-
« passion, mais qui, oublieux de nos iniquités publiques et privées, re-
« doutez que nous fassions appel à votre conscience pour en tirer des larmes
« de componction. Et pourtant la loi de salut par le sacrifice des innocents

« est écrite dans l'histoire de tous les peuples. Notre courte raison n'y veut
« voir qu'une erreur farouche, mais la foi chrétienne y reconnaît le reten-
« tissement du vouloir divin qui, dès l'origine du monde, avait décrété le
« sacrifice rédempteur du calvaire. Dans notre histoire, vous la verrez écrite
« en traits de flamme, cette loi, sur le bûcher où la très pure Jeanne, vierge
« et martyre, consommait sa mission de délivrance. Pourquoi refuser de la
« voir dans les tragiques événements où tant de vies si pures et si chères
« ont été immolées? Pourquoi Dieu n'aurait-il pas voulu prévenir, par un
« holocauste qu'embaumait la charité, les grands maux que sa justice doit
« à nos infidélités et à nos trahisons?

« Ah! ce n'est pas la voix de sa colère que j'entends dans le rugissement
« des flammes et les plaintes des victimes, mais la voix de sa bonté qui
« nous dit : « Malheureux enfants, vous avez jeté l'amertume dans mon
« cœur paternel. Les jours sont mauvais et vos péchés ont assombri l'ave-
« nir. Rentrez en vous-mêmes, demandez pardon et je me contenterai des
« fleurs de charité que j'ai cueillies. Mais, prenez garde, n'endurcissez pas
« votre cœur, car si c'est ainsi que le bois vert, le bois fertile est traité, que
« fera-t-on au bois sec? *Quia si in viridi ligno sic faciunt, in arido quid*
« *fiet?* »

« Non, mon Dieu, non, vous n'êtes point un Dieu farouche et cruel, et
« le rayon de votre bonté resplendit dans la récompense que vous prépariez
« à vos innocentes victimes. Il y avait là des âmes droites, depuis longtemps
« purifiées et perfectionnées par toutes les vertus qui embellissent une
« vie chrétienne; des âmes nobles, depuis longtemps habituées à préférer
« aux plaisirs troublants de la vie mondaine les saintes joies de bien faire;
« des âmes tendres et ardentes, profondément touchées de la misère des
« pauvres et saintement passionnées pour les œuvres bienfaisantes. Chacune
« de ces âmes, je n'en doute pas, a répondu à votre appel par ce cri
« héroïque : — O Dieu, que j'ai voulu servir en servant les malheureux,
« vous me demandez ma vie dans un acte d'amour; prenez-la, pour tous
« ceux que j'aime. Il y avait là des âmes toutes jeunes qui n'avaient connu
« de la vie que les joies innocentes et qui venaient apprendre, à l'école des
« vétérans de la charité, comment on doit aimer Jésus-Christ dans ses
« pauvres. O chaste Époux des âmes virginales, vous avez convoité leur can-

« dide beauté, et vous ne les avez surprises par la mort que pour changer
« en un vêtement de gloire leur robe d'innocence. Il y avait là des âmes qui
« n'avaient pu traverser le monde sans y ramasser « cette poussière subtile
« et malsaine » dont saint Bernard a dit qu'elle souille même les cœurs
« religieux : *De mundano pulvere necesse est etiam religiosa corda sor-*
« *descere.* Mais j'ai la confiance que, dans l'étreinte des flammes, ces âmes
« angoissées se sont retournées vers vous, ô mon Dieu, par un mouvement
« d'amour si puissant et si parfait que vous leur avez répondu par un baiser
« de pardon.

« O chères et glorieuses victimes ! je ne veux plus vous voir dans l'hor-
« rible brasier qui a dévoré vos chairs et calciné vos os. Mon cœur attendri
« vous cherche dans ce royaume de lumière et de paix que le Christ a promis
« aux amis de ses chers petits, et je crois vous entendre chanter avec
« l'Apôtre : « Le rapide moment de notre affreux supplice nous a valu pour
« toujours un poids immense de gloire » ; avec le saint Psalmiste : « O
« Dieu ! nous sommes passées par le feu et vous nous avez conduites en un
« lieu où nous rafraîchit éternellement le souffle de votre bonté : *Transi-*
« *vimus per ignem et eduxisti nos in refrigerium.* »

« N'est-ce pas encore le rayon de la bonté de Dieu consolateur que je
« vois reluire dans les généreuses acceptations des cœurs meurtris et
« déchirés qui, au lieu de se plaindre et d'accuser la Providence, ont adoré
« ses mystérieux desseins et se sont élevés, sous la touche de la grâce, de
« l'abattement à la résignation, de la résignation à la sublime fierté du
« chrétien qui triomphe d'avoir un martyr dans sa famille.

« Rayon de la bonté de Dieu, les admirables exemples de dévouement
« et de courage héroïque que nous ont donnés les humbles serviteurs et
« servantes, les ouvriers, les enfants du peuple, qu'on a vus braver un
« affreux trépas pour sauver les privilégiés de la naissance et de la for-
« tune ; les saintes religieuses et les pieuses femmes qui, laissant passer la
« foule épouvantée et brûlant toutes vives, se montraient le ciel et se rési-
« gnaient à la mort. Noble groupe de héros et d'héroïnes, au-dessus
« duquel plane la sereine et sublime figure de cette princesse de sang royal
« qui, fidèle à la consigne du devoir et de l'honneur, aime mieux mourir à

« son poste que de précéder au salut une seule des aides de sa charitable
« mission.

« Rayon de la bonté de Dieu, cette fin tragique des ouvrières de la cha-
« rité, qui rappelle au peuple, travaillé par des excitations criminelles, que,
« parmi les riches et les heureux du siècle, qu'on veut lui faire haïr, il y a
« des chrétiens qui compatissent à ses misères et se font un devoir de les
« soulager par des bonnes œuvres, et que ces chrétiens viennent de mourir
« au service des malheureux.

« Rayon de la bonté de Dieu, cet universel mouvement de sympathie
« qui s'est emparé de tous les cœurs français et les a réunis dans une reli-
« gieuse manifestation de deuil et de compassion.

« Rayon de la bonté de Dieu, cette soudaine et merveilleuse explosion
« de la charité qu'on croyait mortellement blessée dans la catastrophe et
« qui se manifeste avec une telle magnificence que toutes les Œuvres
« découragées renaissent à l'espérance.

« O Dieu rédempteur, Dieu rémunérateur, Dieu consolateur, Dieu de
« force, de bon conseil, d'union, de paix et d'espérance, soyez béni et dai-
« gnez faire reluire un rayon de votre bonté sur la belle Œuvre de Saint-
« Michel, que vous m'avez confiée : Œuvre de haute bienfaisance, puis-
« qu'elle est destinée à combattre, par la diffusion des bons livres, les
« ravages de la mauvaise presse, et à remédier par de saines lectures à
« la démoralisation des classes populaires.

« Cette chère Œuvre, elle a eu ses victimes dans le tragique événement
« qui fait couler nos larmes. Nous leur devons un souvenir et un hom-
« mage. — Saluons cette noble, vaillante et sainte fille (1), chérie de tous
« les siens, inspiratrice de toutes les bonnes œuvres dans sa famille, aussi
« distinguée par la bonté de son cœur que par l'élévation de son caractère,
« ouvrière de la première heure dans notre Œuvre, charmant par son
« joyeux entrain les auxiliaires de sa charité et leur communiquant sa
« dévorante activité. Aussi dévouée dans la mort que dans la vie, et
« s'écriant, quand les flammes la dévoraient : « Moi, ce n'est rien ; sauvez
« ma nièce, sauvez les pauvres petites que j'ai amenées avec moi. » —

1. Mlle Caroline de Villenoisy.

« Saluons les deux nobles dames (1) qui n'avaient plus d'autre désir en ce
« monde que d'honorer leur deuil, en se faisant les humbles servantes de
« Jésus-Christ dans ses pauvres. — Saluons cette charmante enfant de
« seize ans (2), si heureuse de vivre, si joyeuse d'avoir été choisie par sa
« grand'mère pour faire son apprentissage de bienfaisance. Elle se prépa-
« rait pieusement, m'a dit sa mère, à son premier vendredi du mois, pour
« remercier le Sacré-Cœur de sa moisson de charité. — Pauvre petite!...
« Oh! non pas pauvre petite! mais ange béni! que Dieu récompense par
« ses embrassements, mieux que ne l'auraient récompensé les baisers de sa
« famille et nos félicitations.

« Voilà, mes Frères, la part de notre Œuvre de Saint-Michel dans l'hé-
« catombe dont toutes les victimes méritent notre douloureuse admiration.

« Glorieuses et chères victimes, c'était un devoir de notre foi de prier
« pour vous; c'est un besoin de notre cœur de vous prier.

« Vous avez été un holocauste consenti par ceux à qui vous étiez chères.
« Demandez à Dieu qu'il les console, qu'il les sanctifie par une pieuse rési-
« gnation et qu'en échange de votre sacrifice il répande sur vos familles ses
« meilleures bénédictions.

« Vous avez été un holocauste de charité. Demandez à Dieu la récom-
« pense de tous les dévouements, la prospérité de toutes les œuvres desti-
« nées à secourir et à alléger la misère du pauvre, l'apaisement de toutes
« les passions qui nous divisent, l'union et la paix de tous les cœurs.

« Vous avez été un holocauste de salut. Demandez à Dieu qu'il se con-
« tente de votre immolation, et qu'il nous épargne, en considération de
« votre horrible mort, tous les maux que nous avons pu mériter par nos
« fautes.

« Que si, pourtant, nous devons passer un jour par le feu de la tribula-
« tion, obtenez-nous la grâce de pouvoir dire comme vous : *Transivimus*
« *per ignem et eduxisti nos in refrigerium.* »

1. Mme la Comtesse Serrurier, Mme Huzard de la Briffe.
2. Mlle Alice Jacqmin.

Paris. — J. Mersch, imp., 4bis, Av. de Châtillon.